LA

CRISE MONÉTAIRE

EN FRANCE

ETUDE SUIVIE D'UN TABLEAU GÉNÉRAL DES MONNAIES D'OR
ET D'ARGENT
FABRIQUÉES EN FRANCE DE 1795 A 1870

———

OCTOBRE 1871

———

PARIS

LIBRAIRIE DE E. DENTU, ÉDITEUR

PALAIS-ROYAL, 17 ET 19, GALERIE D'ORLÉANS

—

1871

Le moment où les crises sont dans leur intensité est un moment peu favorable à l'analyse des causes qui les amènent et à la recherche des moyens d'y remédier.

Il ne faut pas laisser le temps au public de perdre le calme nécessaire à l'adoption de mesures qui, propres à prévenir, dans de certaines limites, seraient impuissantes à conjurer l'influence fiévreuse et exagérée que pourrait exercer en France autant et plus qu'ailleurs, l'intensité de difficultés monétaires exceptionnelles comme celles que la France traverse et devra surmonter.

Il ne faut pas non plus détourner le sentiment du public des causes véritables des difficultés qu'il subit, en laissant s'accréditer certaines opinions comme celles qu'ont répétées plusieurs journaux anglais et français.

Telles, par exemple, que de mettre, sans commentaires sur le compte de la spéculation, la raréfaction déjà ressentie de la monnaie divisionnaire.

Telles encore, que de dire que la crise monétaire, arrivée à son maximum par l'effet d'une panique, est destinée à décroître pour rester dans une moyenne que les mesures déjà prises ou normales sont de nature à maintenir.

Mieux nous paraît de chercher à éclairer la question en en établissant les éléments pratiques ou économiques; en engageant chacun à ouvrir les yeux, et à apporter son concours pour conjurer, dans la limite du possible, les embarras fort graves qui doivent naître de la situation sans précédent que les clauses désastreuses du traité de paix ont créée ou devront créer à l'économie monétaire de la France.

II

Avant d'entrer dans l'examen du sujet proprement dit dont nous nous occupons, il ne sera pas inutile de rappeler les rôles respectifs que sont appelées à jouer, dans les transactions commerciales d'un pays, les monnaies réelles et les monnaies fiduciaires ou de change.

Par monnaies réelles, on entend les monnaies d'or, d'argent ou de cuivre.

Par monnaies fiduciaires ou de change, les billets de banque de circulation.

Monnaies réelles. — La monnaie d'or est devenue, depuis un certain nombre d'années, non-seulement la plus importante des monnaies de circulation, mais encore l'unique monnaie d'échange international (1).

La monnaie d'argent a participé pendant longtemps à ce rôle d'échange; l'or était rare, l'échange commercial ou industriel moindre, ou, pour mieux dire, sans

(1) Sans remonter bien loin dans l'histoire des monnaies, on trouve la trace de ce changement. Ainsi, en 1850, la totalité des monnaies émises depuis 1795 se décomposait comme suit : ...

Monnaie d'or : 1 milliard 400 millions; *monnaie d'argent* : 4 milliards 400 millions.

comparaison possible avec ce qu'il est aujourd'hui. La découverte des mines de Californie et d'Australie est venue comme à point nommé, en jetant l'or en abondance sur les marchés européens, satisfaire aux nouveaux besoins, sans les dépasser, comme on a pu le croire un instant, voire même sans répondre encore complétement aux nécessités de l'accroissement inouï de la mobilisation du capital.

La production de l'argent au contraire est sinon devenue moindre, du moins restée stationnaire, et cela en face de besoins plus grands dans l'usage extra-monétaire du métal; aussi la monnaie d'argent, moins mobile d'ailleurs à cause de son poids, est-elle passée au second plan sur les marchés européens comme monnaie internationale.

En France, la monnaie d'or type est la pièce d'or de 20 francs qui, avec le franc d'argent, a constitué à l'origine du système décimal le double étalon monétaire français.

Ses multiples sont la pièce de 100 francs, celles de 50 et de 40 francs d'un usage si restreint qu'on se demande ce que sont devenues ces monnaies émises cependant depuis 1795 aux chiffres respectables de :

Pour les pièces de 100 francs. —   43 millions.
    Id.   Id.   de   50 francs. —   46 millions.
    Id.   Id.   de   40 francs. — 204 millions.

Les sous-multiples sont les pièces de 10 francs et de 5 francs en or. D'un usage normale depuis leur fabrication, la raréfaction et l'exportation des monnaies d'argent ainsi que les nécessités toujours plus grandes de mobilisation ayant conduit à les créer dans une proportion notable (1).

L'altération de l'or converti en monnaie, soit : l'alliage, varie suivant les différents pays, mais la valeur absolue des pièces évaluée au cours du change entre un pays et l'autre est proportionnelle au gramme d'or qui est devenu de fait international.

Quant aux monnaies d'argent, leur altération, également variable d'un pays à l'autre, diffère suivant la valeur des pièces de monnaie.

La France a été devancée dans l'établissement de cette différence ; c'est en 1864 seulement que la loi du 25 mai a décidé le retrait des pièces de 50 et de 20 centimes en circulation pour les remplacer par des pièces de même valeur nominale et de titre différent.

En 1866, l'accroissement de la prime sur l'argent par rapport à l'or, l'exportation et la disparition des monnaies d'argent qui en résultaient, ont amené le gouvernement à étendre cette mesure aux pièces de 1 franc et de 2 francs.

En même temps, un traité international (14 juillet 1866) de principe général, mais d'application encore limitée à l'Italie, la Belgique et la Suisse, réglait le titre, les dimensions, poids, etc., et l'importance de la fabrication de ces nouvelles monnaies. Elles étaient admise par les clauses du traité à la circulation internationale, et par la loi au cours forcé à l'intérieur, à la condition cependant que leur emploi soit limité au payement des appoints ne dépassant pas 50 francs.

(1) Voir le tableau des monnaies.

Cette clause de la convention internationale n'a pas trouvé d'application à l'intérieur, mais elle a dû être invoquée en maintes occasions par la Banque de France toutes les fois que l'état du marché a fait affluer en France, dans de trop grandes proportions, les monnaies divisionnaires d'argent d'Italie ou de Suisse.

Comme on le voit par ce qui précède, les monnaies divisionnaires d'argent sont exclues en principe du marché international ; l'importance de leur émission est limitée par le traité pour la France à 239 millions.

Quant aux pièces de cinq francs qui ont conservé leur titre droit de 900 millièmes, c'est de toutes les questions la plus difficile à traiter. Leur valeur relative a dû les faire participer les premières au mouvement d'exportation et de disparition dont nous avons parlé plus haut, comme résultant de la prime de l'argent sur l'or et des besoins de ce métal sur les marchés excentriques.

L'importance de leur circulation ne peut en aucune façon, suivant nous, être évaluée d'après les chiffres énormes que fournit la statistique de leur fabrication ;

Comme preuve de cette disproportion peut entrer l'expérience qu'on fait chaque jour de la rareté des effigies autres que celles de Napoléon III, alors que ces effigies n'entreraient que pour moins d'un dixième dans la totalité des émissions faites depuis 1795.

Comme preuve encore de la disparition des monnaies d'argent vient l'expérience faite sur les pièces de 2 francs et au-dessous, qui moins exportables cependant, par leur nature et la plus grande difficulté de les réunir, n'avaient donné en 1870, à la suite du décret de 1866, comme chiffre de retour à la monnaie, que 125 millions sur plus de 200 millians émis précédemment.

Si nous cherchons à rapprocher certaines données comme l'évaluation faite à la chambre, en 1847, de la circulation monétaire métallique de la France, évaluation chiffrée à 2 milliards et demi à cette époque, nous en concluerons par comparaison avec les autres monnaies qu'on n'estimait guère à plus d'un milliard à cette date, la proportion de pièces de cinq francs comprise dans cette évaluation ; or, c'est depuis cette époque que s'est accentuée davantage encore la prime de l'argent sur l'or qui a donné lieu aux décrets de 1864 et de 1866 ; nous ne croyons donc pas être très-éloignés de la vérité en maintenant aujourd'hui encore à 1 milliard environ la circulation des pièces d'argent de cinq francs, y compris les 7 ou 800 millions de ces pièces émises depuis 1848.

Cette proportion correspond d'ailleurs, suivant notre appréciation, à la proportion d'effigies antérieures que l'on rencontre dans l'usage ordinaire (1).

Malgré la valeur réelle conservée à la pièce de cinq francs, nous n'hésitons pas à lui assigner un rôle tout à fait secondaire, sinon nul dans l'échange international, ceci pour deux raisons :

La première, c'est que, en dehors de l'incommodité et des frais de son transport, la pièce de cinq francs exportée dans une proportion notable, comporterait en dehors de France, une démonétisation et une refonte, sur des marchés, où d'ailleurs il n'y a pas excès de demande,

(1) Il n'est pas inutile de rappeler ici que certaines monnaies d'argent, antérieures à 1830, comportaient une certaine proportion d'or.

cette dernière se portant surtout et presque exclusivement au point de vue des monnaies sur l'or.

La seconde, c'est que la monnaie réelle, sous formes de pièces de 5 francs, en argent, est encore, par suite de certains préjugés dans les campagnes de France, la monnaie la plus recherchée dans la composition des petites réserves d'argent qui, en France, du petit au grand, constituent un capital considérable toujours immobilisé.

Si ces petites réserves ont comporté jusqu'ici une certaine proportion de pièces d'or, on peut être certain qu'on n'a pas manqué d'échanger les pièces d'or contre leur valeur en pièces de 5 francs d'argent (pièces qui ont, sinon plus, du moins tout autant de crédit) aussitôt que cet échange a pu présenter l'avantage qui signale la différence de l'agio sur l'or et sur l'argent. Et cette cause, en apparence petite, doit être un des éléments importants de la raréfaction déjà ressentie sur le marché des pièces de 5 francs d'argent.

Aussi sommes-nous convaincus que toute demande d'argent, un peu considérable sur le marché, provoquerait non pas seulement un renchérissement exagéré mais une disparition absolue de cette monnaie.

C'est par une loi naturelle que les émissions de monnaies de toute espèce, surtout pour une période aussi longue que celle que nous embrassons, se proportionnent aux besoins du marché dans un pays; or la circulation des pièces de 5 francs, qui ne s'applique depuis longtemps en France qu'aux besoins intérieurs, n'y

répond qu'en partie depuis la création des pièces de
10 francs et de 5 francs en or (1).

Par ces considérations réunies, nous avons admis que
l'on peut sinon exclure des considérations relatives à la
crise actuelle dont l'objet est extérieur la pièce d'argent
de 5 francs, du moins lui assigne un rôle assez restreint à
ce point de vue, pour, en le négligeant, ne pas altérer
sensiblement les résultats à déduire de la situation du
marché général et international, soit du marché des
monnaies d'or.

Comme compensation partielle d'ailleurs à cette éli-
mination, nous admetterons la totalité des monnaies d'or
émises comme point de départ dans l'analyse de la situation, sans tenir compte de la partie de ces monnaies
d'or qui a pu et a dû être dénaturée pour reparaître soit
à l'hôtel des monnaies, soit sur le marché extérieur sous
forme de lingots.

Monnaies fiduciaires ou de change.

Les billets de la Banque de France sont, en France, la
seule monnaie fiduciaire ou de change.

(1) Le calcul ci-dessous prouvera combien notre supposition est
vraisemblable dans l'appréciation maximum de la circulation des
pièces de 5 francs d'argent.
Si au chiffre de 1 milliard que nous leur avons assigné par
hypothèse, nous ajoutons le montant de la monnaie de 2 fr.
et au-dessous : fixé d'après les traités à 239 millions, on arrivera à
un total de plus de 1,200 millions de monnaie d'argent répartis sur
la population de la France, soit à une proportion de plus de 30 fr.
d'argent par habitant, chiffre plutôt exagéré quand la monnaie
d'or intervient avec tout ses avantages pour 20, 10, et 5 francs.

Leur crédit, et ce n'est pas inutile à répéter pour réfuter une opinion généralement trop admise, ne tient pas à ce qu'on sait, en temps ordinaire, les pouvoir échanger à la Banque contre leur valeur en or, mais bien à ce que ces billets sont la représentation, le gage de titres ou d'engagements souscrits par des particuliers, engagements dont l'endossement par la Banque et le remboursement à son profit sont entourés de précautions telles que la garantie en est presque absolue.

« *La banque de France étant* » suivant la définition de Proudhon : « *une institution ayant pour but de donner* « *cours authentique aux effets souscrits par les particu-* « *liers.* »

En d'autres termes, le crédit des billets repose exclusivement dans le portefeuille de la Banque, dans des engagements de particuliers ou dans des effets de commerce d'une valeur *supérieure*, de la valeur de l'escompte, à la somme avancée par la Banque en billets.

Le capital de garantie métallique n'existe à la Banque que comme cautionnement destiné à couvrir les détenteurs de ses billets, de certaines faillites ou désastres possibles chez certains clients importants; désastres plus que rares, grâce à la prudence dont les opérations de la Banque sont entourées.

En France, à la vérité, les attributions organiques de la Banque sont altérées par l'usage que font les gouvernements du crédit de cette institution, maintenue avec soin sous leur dépendance; c'est ainsi que le gouvernement surcharge le portefeuille de la Banque de bons du Trésor, lui impose, ou lui permet à valoir sur son cautionnement, des souscriptions d'emprunt, des secours à prêter à de grands établissements, etc., etc. Mais dans ce cas c'est la garantie de l'état qui entre dans le portefeuille, et le billet de banque, transformé en hypothèque sur des engagements de l'État, conserve tout autant de valeur que le gage souscrit par des particuliers accumulant sur le même effet une triple garantie de solvabilité, éprouvée et appréciée par des juges fort difficiles.

C'est ainsi que, malgré l'émission anormale de son papier, malgré le cours forcé, la Banque n'a pas vu s'altérer d'une façon sensible la valeur de ses billets, pendant la guerre, après nos désastres, et même alors que tout le monde savait quels engagements effroyables la France souscrivait vis-à-vis de la Prusse.

C'est à ce crédit si bien établi qu'il faut attribuer celui dont jouissent, même à l'étranger, les billets de la Banque de France, acceptés en payement à Vienne, à Berlin, en Italie, etc., bien que moins couramment cependant que le billet de banque anglais ; cette différence tenant assez probablement au fonctionnement même de notre Banque, plus intimement liée qu'il ne le faudrait peut-être à la fortune des gouvernements qui se succèdent en France.

Tout en mentionnant le crédit du billet de la Banque de France à l'étranger, il n'est pas besoin de dire qu'il est, dans les meilleurs temps, forcément très-limité par l'éloignement du centre d'opération de cette banque, et qu'en temps de crise il tend à disparaître d'autant que l'offre prend des proportions plus considérables.

En résumé, l'objet de ce chapitre a pour but d'établir d'une façon générale les rôles respectifs des différentes

monnaies de circulation ; soit : pour la monnaie d'or, l'é-
change général, et à l'exclusion des autres l'échange international ; pour la monnaie d'argent un rôle mixte en
apparence mais en réalité borné, comme pour les billets
à la circulation intérieure.

III

La situation financière créée à la France par le traité
de paix avec la Prusse s'établit comme suit :

L'engagement souscrit par la France consiste à se dé-
pouiller en faveur de l'Allemagne de cinq milliards,
payables en quatre années avec service d'intérêts, etc.

Le payement de ces milliards est exigé par la Prusse
en or, soit, en monnaie effective. Or, l'importance de la
somme à payer correspond à la presque totalité du numéraire d'or en circulation, soit à l'expropriation au profit de la Prusse de la majeure part des économies de la
France, mobilisées en valeurs réelles pour la circulation.

La première conséquence est un appauvrissement ou
une diminution de richesse.

La seconde est une gêne apportée dans les transactions
commerciales de la France avec l'étranger et partant des
différentes parties de la France entre elles.

Ce serait sortir du sujet que nous nous sommes pro-
posés de traiter, que d'entrer dans la considération des
moyens propres à remédier à la diminution des richesses
de la France et aux charges nouvelles qui pèsent sur le
gouvernement ; il est évident que, quels qu'ils soient, la

philosophie de ces moyens sera l'économie dans la dépense et surtout l'application de toutes les mesures propres à augmenter les ressources du pays et les revenus de l'État.

Nous rentrons dans la question monétaire, par l'examen de la seconde conséquence dont nous venons de parler, soit, la gêne apportée aux transactions par la soustraction au profit de la Prusse de la presque totalité de monnaie d'or qui circule sur les marchés français.

Prenons les chiffres exacts.

La totalité des monnaies d'or émises en France depuis l'établissement du système décimal (1795) jusqu'au 1er janvier 1870 et pouvant être considérées comme restées en circulation, représente une valeur de 7 milliards 638 millions 956 mille francs.

Cela ne veut pas dire que cette quantité soit aujourd'hui la circulation de propriété française. En effet, c'est au moyen de l'épargne française mobilisée sous forme d'or monnayé que la France a acquis de l'étranger les titres d'emprunts, les actions, les obligations, etc., de chemins de fer et autres Sociétés, qui constituent aujourd'hui une part si importante de sa fortune mobilière.

Quelle est l'importance de ces acquisitions? Ce sont des chiffres fort difficiles à établir; on l'a cherché déjà, et si je cite ci-dessous certaines hypothèses faites à cet égard, c'est plutôt pour donner une idée de l'importance générale de ces opérations que pour établir une conclusion arithmétique qui échappe à tout contrôle.

En 1867, le directeur de la Banque de France, dans un *exposé général à la Commission d'enquête sur les faits et principes généraux qui régissent la circulation monétaire et fiduciaire* évaluait ainsi qu'il suit certains éléments de ces mouvements financiers pour une période de douze ans.

« Les fonds d'État admis à la négociation en France
« représentaient, à cette époque, un capital de 4 milliards
« 250 millions.

« Les Sociétés étrangères anonymes, de crédit, etc.,
« dont la plupart ont fait leurs fonds en France : un ca-
« pital de 4 milliards 850 millions.

« Plus loin, le même exposé établit que, sur la dépré-
« ciation des seules obligations et actions de chemins de
« fer étrangers, le capital français engagé a perdu, perte
« sèche et à tout jamais, plus d'un milliard. »

Tout cela sans faire entrer en comptes la participation française aux fonds d'État ou autres qui ne sont pas cotés à la Bourse de Paris.

Toutes ces entreprises, dues en partie à l'initiative française, peuvent être d'excellentes opérations de placement ; elles rapportent beaucoup aux fondateurs, aux détenteurs de titres, mais, pour ces derniers surtout, le bénéfice est long à se produire ; au moment de la création de ces entreprises aussi bien que pour une période assez longue, c'est un capital mobile immobilisé hors de France ; soit une exportation de numéraire d'or.

C'est à ce besoin de mobilisation du capital à l'extérieur que répond l'émission sous l'Empire de plus de six milliards de monnaie d'or, c'est-à-dire près de quatre fois la totalité des monnaies d'or existant avant 1850.

Ces six milliards de monnaie d'or n'ont pas été créés pour

les besoins intérieurs; d'autre part, la Banque de France augmentait sa circulation de billets; les entreprises et emprunts français qui ont atteint des chiffres très-considérables aussi, n'ont amené, en France, que des mouvements intérieurs de numéraire, et même un accroissement de monnaie d'or par le fait de l'acquisition à l'étranger de valeurs françaises, et c'est une des portes par lesquelles peut rentrer une partie des millions dont nous donnions l'énumération tout à l'heure comme sortis de France.

Mais il n'y a aucun équilibre dans ces deux mouvements du numéraire; la France, tout en conservant, au profit de sa richesse, l'avantage de propriétés mobilières ou immobilières à l'étranger, propriétés rapportant intérêts et bénéfices, n'en a pas moins dû fournir pour leur acquisition une portion notable de son épargne mobilisée sous forme de monnaie d'or.

Cela est si vrai, qu'en 1867, au milieu de la prospérité financière et commerciale que l'on sait, l'état du marché a fait craindre une crise monétaire, comme résultat de l'importance considérable des exportations de numéraire d'or destiné à payer la mise en exploitation au profit de la France de richesses étrangères.

A plus forte raison doit-on s'attendre, aujourd'hui, à voir se prolonger et s'accentuer une crise dont l'origine est une nécessité d'exportation de numéraire d'or, sans intérêts ni bénéfices, dans des délais aussi courts, et pour une valeur dont on ne trouve l'équivalent comme mobilisation de capital que dans une période de quinze années de prospérité financière et industrielle inouïe et exagérée.

Il faut donc admettre, dès aujourd'hui, que la crise dans laquells nous entrons, en ce qui concerne la raréfaction de l'or, l'agio sur cette monnaie et ses conséquences, est un mal avec lequel il nous faudra vivre, et cela pour une période dépassant celle des échéances prévues pour les payements à faire à la Prusse. Ajoutons encore qu'elle ne peut avoir atteint toute son intensité aujourd'hui, que quelques centaines de millions (admettons un milliard) seulement sont sortis de France effectivement; le reste des payements effectués l'ayant été sous forme d'engagements qui ne sont pas encore arrivés à échéance.

Quant à la crise monétaire intérieure, bien qu'elle soit fonction de cette situation inévitable, elle procède aussi de causes diverses que nous allons examiner.

IV

Pour l'or, comme pour les produits, comme pour les effets de commerce, l'abondance ou la rareté sont des causes de hausse ou de baisse, de cherté ou de bon marché.

Nous avons établi, par ce qui précède, la disparition progressive de l'or sur le marché français pour une période de plusieurs années; cette situation existe, et les causes qui la peuvent modifier sont encore loin du temps où elles pourront rétablir l'équilibre.

Dans l'intérieur d'un pays, la monnaie réelle peut ne pas être une nécessité; les billets de crédit, munis d'une garantie solide et avec des coupures suffisantes, y suppléeraient complétement : on a vu, en France, l'encaisse métallique de la Banque dépasser le montant des billets en circulation, le billet jouir d'une préférence, ce qui, sans être une preuve de prospérité, démontre que le billet peut remplacer la monnaie réelle par un accord tacite basé sur la confiance dans le gage qui la remplace; à cela il faut encore ajouter l'usage dans le public, de se servir de billets de crédit, usage beaucoup plus répandu dans certains pays que chez nous; cet usage, la crise actuelle nous le donnera. Puisse-t-il s'établir sans trop de dommages !

Ceci étant posé, examinons les deux causes qui influent sur l'agio du numéraire d'or et d'argent.

La première, que j'appellerai cause politique ou de sentiment : la confiance dans la valeur fiduciaire ou d'échange, qui remplace la monnaie réelle.

La seconde, d'ordre purement commercial : l'offre, la demande, l'abondance ou la rareté.

Les proportions exactes dans lesquelles agit sur l'agio chacun de ces deux éléments sont difficiles à établir, le premier surtout : la confiance dans les billets.

Celui-là peut varier, sans qu'il soit possible d'en prévoir ou prévenir la cause, ou d'en conjurer l'effet.

Le crédit des billets repose, comme nous l'avons dit, sur les garanties de maisons de banque de commerce ou de particuliers, et, en France, en grande partie aussi sur des engagements de l'État.

Survienne telle crise qui mette en suspicion le crédit

de l'État ou celui de certaines maisons de banque, clientes importantes de la Banque de France, ou bien une panique comme en 1848, le crédit du billet subit une dépréciation désordonnée, le plus souvent mal fondée ou exagérée;

Survienne telle mesure de la Banque de France, imprudente ou mal appréciée par le public, l'effet sera le même.

Les crises politiques procèdent de causes dont il n'y a pas lieu de s'occuper ici; on peut se borner à dire que, se produisant au milieu d'une situation financière déjà tendue et plus appuyée que jamais sur le crédit, elles peuvent changer une crise financière en désastre.

Quant aux mesures de la Banque, ce n'est pas par l'imprudence qu'elles pécheront jamais; la Banque est plutôt réservée qu'aventureuse, et c'est dans les crises surtout qu'on peut se féliciter de cet esprit, à la condition, cependant, qu'il ne paralyse pas les mesures utiles, dans la limite du nécessaire. Nous aurons l'occasion de revenir sur ce sujet plus loin.

Cette première cause de variation du change est, comme on le voit, une épée de Damoclès suspendue sur le crédit des billets, que les hasards heureux de la politique, le calme de la population et l'opportunité des mesures financières peuvent seuls conjurer.

Quant à l'*élément commercial*, les causes en sont sinon très-précises, du moins plus faciles à saisir; c'est *par l'offre et la demande*, pour la monnaie réelle comme pour les produits, que s'établissent les variations du marché, l'agio.

La demande est et sera cette énorme quantité de numéraire d'or à exporter en Allemagne.

La demande sera encore les besoins du commerce de l'échange et la réserve de numéraire que les particuliers timorés ou défiants voudront s'assurer, même au prix d'une prime d'achat.

L'offre se composera :

De l'importation de monnaies réelles ou de métaux précieux résultant de la vente à l'étranger des produits français, ou de tout autre bénéfice réalisé par nos transactions commerciales, industrielles ou financières ;

Des rentrées de numéraire résultant de la perception, en France, de l'intérêt des capitaux étrangers qu'elle possède, ou de la vente éventuelle à l'étranger des fonds français ou de propriété française.

Nous avons dit plus haut ce que serait la demande en ce qui est l'indemnité de guerre.

Nous trouverons plus loin l'occasion de parler des besoins du commerce et de l'accaparement individuel du numéraire.

Quant aux rentrées de numéraire, la première des ressources énoncées ci-dessus est toute commerciale ; la balance de l'échange international des produits s'établit approximativement par la comparaison des exportations et des importations du commerce spécial, dont les états sont dressés par la statistique administrative.

Ces résultats varient sensiblement suivant les époques, et ne suivent pas de marche régulière.

Ainsi, par exemple, la période quinquennale de 1848 à 1852 a donné comme moyenne annuelle, au bénéfice de l'exportation, la somme de 301 millions, tandis que la période suivante, de 1853 à 1857, n'a donné que 76 millions.

Prenons, pour arriver à une hypothèse rationnelle, une moyenne annuelle relevée sur le commerce spécial de 15 années.

De 1854 à 1868, la moyenne annuelle donne :

Pour le montant des exportations. . 2,318 millions.
 — — des importations. . 2,214 —

Soit bénéfice au profit de la France et par an, 104 millions.

Admettons, pour fixer les idées, que le commerce général, l'industrie commerciale et financière, produisent un bénéfice égal de 100 millions; total : 200 millions qui rentreront annuellement en France, sous forme de lingots ou d'or monnayé, du chef du commerce, de l'industrie et de l'exploitation financière des richesses spéciales de la France et de l'étranger.

Passons maintenant à la seconde des ressources qui doivent constituer les offres annuelles, à la perception en France de l'intérêt des fonds qu'elle a placés à l'étranger ou des rentrées résultant de la vente éventuelle de ce qui est capitalisé entre ses mains.

L'appréciation des intérêts perçus annuellement à l'étranger au profit de la France est plus que difficile; les éléments en sont insaisissables. Admettons, pour rester dans la voie d'hypothèse que nous avons suivie pour fixer les idées, que 100 millions représentent encore le bénéfice qui résulterait de la comparaison de cette ressource avec sa contre-partie, soit le payement par la France des intérêts du capital étranger immobilisé en France.

A ces ressources annuelles de $200 + 100 = 300$ millions de bénéfice, ajoutons encore 100 millions comme balance, au profit de la France, du mouvement de numéraire occasionné par les voyages et le séjour des étrangers en France, et nous arriverons au chiffre plus que respectable de 400 millions de bénéfice annuel au profit de la France (1).

Nous répétons encore que trois de ces évaluations sont de pure hypothèse; une approximation tant soit peu discutable (et elle le serait toujours) comporterait une étude appuyée d'éléments difficiles pour ne pas dire impossibles à réunir.

Toutefois, dût-on taxer ces hypothèses de fantaisie, d'erreurs manifestes, nous les laissons figurer ici pour établir d'une façon générale que : quoiqu'il arrive, la brèche faite à la circulation monétaire d'or en France n'est réparable que dans un délai qui dépasse ceux prévus pour les payements à faire à la Prusse.

La seule restriction importante que nous pourrions faire à cette déclaration de principe, serait l'émission d'un emprunt français souscrit dans des proportions notables à l'étranger, ou bien encore la vente éventuelle à l'étranger d'une partie des valeurs mobilières aujourd'hui propriétés de la France :

Mais sur ce point les tendances actuelles de la Bourse nous paraîtraient marcher à contre-sens des besoins;

(1) La comparaison de ces appréciations avec le relevé statistique des rentrées de numéraire constatées à la Douane ne pourrait être prise en considération, le numéraire échappant souvent au contrôle.

D'après ce relevé, la moyenne annuelle des bénéfices de rentrée de numéraire, pendant la période correspondant à celle que nous avons prise tout à l'heure, 1834-1868, serait d'environ 200 millions?

la hausse de la rente française n'est pas de nature à attirer ou à retenir les capitaux étrangers et elle ne s'explique
pas au delà de certaines limites ; il n'est pas rationnel que
le crédit d'un État appauvri de 6 milliards soit évalué au
même taux que dans un temps de prospérité, et si cette
hausse est œuvre de spéculation c'est un résultat mé-
diocre au point de vue de l'avenir.

Quant à la hausse sur les fonds étrangers, elle ne peut
en aucun cas être interprétée à l'avantage de la situation
monétaire ; la perspective d'être payé en or attire les capitaux français : l'or s'en va sur les marchés étrangers
sous forme de capital pour revenir sous forme d'intérêt.

La question souvent discutée d'un impôt sur les valeurs
étrangères négociées sur les marchés français trouverait
un champion de plus dans la considération de la question monétaire.

Nous arrivons maintenant à la question de l'agio sur
l'argent.

L'agio sur l'argent participe aux variations de l'agio
sur l'or, dont il est, dans une certaine mesure, fonction
immédiate ; mais son rôle principal est d'une nature
différente, aussi bien que certaines causes qui influent
sur ses variations.

Le rôle de l'argent est de servir de division et d'ap-
point indispensable aux billets de moindre valeur émis
par la Banque à l'intérieur du pays. Ce rôle de nécessité
lui donne une importance de premier ordre dans l'économie monétaire.

L'émission par la Banque de billets de 20 francs peut
remédier, jusqu'à un certain point, nous l'avons établi
tout à l'heure, à la raréfaction des pièces d'or de même

valeur pour la circulation intérieure ; mais elle est sans action aucune sur la disparition des pièces de 10 et de 5 francs de même métal qui prendront, au même titre que les pièces de 20 francs, le chemin de l'Allemagne.

Cette disparition est un élément important de la question monétaire intérieure, puisque ces menues monnaies d'or entrent pour plus d'un milliard dans la circulation actuelle.

Bien que la monnaie d'argent, par sa nature définie plus haut, ne soit pas une monnaie d'exportation, sa valeur relative et réelle lui fera toujours accorder sur le billet une préférence qui sera une cause de raréfaction et d'accaparement.

Quoi qu'on fasse, si bien établi que soit le cours des billets à cours forcé, on n'empêchera jamais, même dans les pays où l'éducation en fait de papier-monnaie n'est plus à faire, et *à fortiori* en France, les particuliers en très-grand nombre de conserver par devers eux une certaine somme petite ou grande en numéraire ; les plus timorés commencent déjà aujourd'hui ! Ils emmagasinent un peu d'or ou d'argent. Si la crise est plus intense, le nombre des accapareurs au petit pied augmentera, et l'or étant plus rare, c'est l'argent qui composera ces petites réserves privées.

Nous voudrions pouvoir compter sur l'effet de recommandation à chacun de s'abstenir, chercher à persuader que le particulier qui retient cent francs de monnaie d'or ou d'argent est accapareur au même titre que le banquier qui en retient pour 50,000 francs ; mais tout cela serait sans résultat. C'est un effet qu'il faut constater purement et simplement.

Quant aux spéculateurs partiels, les commissionnaires

en or ou en argent, banquiers ou changeurs, rien ne peut les empêcher d'user dans une certaine limite de leur droit à la spéculation, par la prévision ou le sentiment des variations commerciales de leur marchandise ; ils ne peuvent en user que pour un moment ou des périodes minimes, et cela au détriment du rapport de leur capital, sans être jamais à l'abri d'un mécompte.

Dans le même ordre d'idées, aucune mesure n'aura la puissance d'empêcher par exemple les administrations de chemins de fer et autres, c'est-à-dire les plus grands consommateurs de monnaie, d'établir des règlements qui paraîtront vexatoires, et léonins, tels que de ne point échanger les billets des voyageurs (1).

Obliger les chemins de fer à rendre aux voyageurs la monnaie de leurs billets, ce serait leur imposer une charge non justifiée. Ils n'y ont aucun intérêt : on n'en voyagera ni plus ni moins. Les obliger à rendre au public la monnaie qu'ils en reçoivent ne serait que justice, mais c'est inapplicable. Les chemins de fer et d'autres services publics du même genre continueront, sans remède possible, à bénéficier indûment de la situation.

De toutes ces causes résultent forcément sur le marché une demande de monnaie d'argent plus grande; une diminution de l'offre et partant un agio sur cette monnaie.

Maintenant que nous avons établi, sur tous les points qui se sont présentés à nous, la situation telle que nous

(1) Puisque nous parlons des chemins de fer, disons en passant qu'une mesure bien indiquée dès à présent serait l'obligation pour les compagnies d'établir dans les gares de Paris, dans le voisinage des guichets, des bureaux de change devant lesquels seraient affichés les cours du jour d'achat ou de vente de la monnaie.

la voyons et prévoyons, c'est-à-dire l'agio de l'or, comme une crise irremédiable dans l'ordre pratique pour nos relations avec l'étranger, mais dont l'influence peut être réduite à l'intérieur, et l'agio de l'argent comme une crise plus particulièrement intérieure et modifiable suivant les mesures qu'on prendra pour la conjurer, nous allons examiner quelles peuvent être ces mesures.

V

Le premier de tous les remèdes qui se présente à l'esprit pour parer aux inconvénients de la crise monétaire en ce qui concerne la raréfaction de la monnaie divisionnaire, est celui qu'emploie en ce moment le Gouvernement, soit l'émission de toute la monnaie d'or compatible avec les ressources en lingots et de toute la monnaie d'argent compatible avec les limites consenties par les traités internationaux.

Nous ne croyons pas nécessaire de développer les raisons qui établiraient le résultat précaire de cette ressource et son influence toute passagère et limitée. L'or et l'argent s'achètent hors de France contre des équivalents ; l'augmentation du numéraire frappé avec ces métaux n'est donc pas, en dehors de certaines limites, une mesure ; c'est le résultat de l'actif en lingots ou en produits d'échange.

Tout achat d'or en dehors de ces conditions, en Angleterre par exemple, qui est le grand marché des métaux précieux, ne serait qu'un élément de plus ajouté à la crise.

Comme mesure importante la plus indiquée par la nécessité se présente : l'émission par la Banque de France de billets de 10 et de 5 francs, pour remplacer la monnaie d'or de même valeur.

C'est une question des plus délicates et qui mérite un très-sérieux examen : nous avons parlé plus haut de la nécessité absolue pour la Banque, et plus particulièrement dans les moments difficiles, de ne rien faire qui puisse ébranler le crédit plus indispensable que jamais de ses billets de circulation.

Une émission de billets de cinq francs et de dix francs, dans un pays aussi grand et aussi peu versé dans l'usage des monnaies fiduciaires de faible valeur que la France, rencontrerait-elle dans nos campagnes, dans l'état de culture intellectuelle où nous les connaissons, le même crédit qui leur serait, nous le croyons, assez rapidement acquis dans les villes? C'est une question à laquelle nous ne saurions pas répondre. Le doute seul suffit pour arrêter une décision. En effet, la moindre atteinte portée au crédit des billets de 10 francs et de 5 francs de la Banque de France aurait pour contre-coup immédiat un discrédit sur les billets de 20 francs, de 50 francs, etc., et alors quel serait le résultat? le remède serait peut-être pire que le mal.

Cela n'est qu'une opinion. On peut soutenir l'opinion contraire, et nous nous rangerions volontiers de son côté, en nous autorisant des exemples de l'étranger, s'il n'était nécessaire d'ajouter que, dans les pays où ces petites coupures fonctionnent, la dépréciation des billets a atteint des limites dont on peut espérer ne les voir jamais approcher en France... et que ces billets sont des billets d'Etat.

En dehors de la méfiance dans les petites coupures, résultant de l'éducation de la France dans cette matière, une nouvelle émission de papier, à moins d'avoir pour base le retrait de son équivalent en billets de 1,000 ou de 500 francs, c'est-à-dire à moins d'être sans profit pour la circulation générale, une telle émission aurait pour résultat une augmentation du capital de circulation de la Banque de France, capital déjà très-surchargé, qui s'écarterait ainsi de plus en plus de la base commerciale du fonctionnement de cette institution.

Et cependant la solution des petites coupures est inévitable aujourd'hui ou plus tard.

VI

Les journaux ont parlé, dans ces derniers jours, de propositions adressées au Président de la République par plusieurs maisons de banque de Paris, pour les autoriser à émettre des billets de 5, 10, 20, 25, 50 et 100 francs, payables à présentation à leur caisse.

Sans savoir ce qu'il y a de fondé dans ces bruits, et sans connaître exactement dans quels termes a été posée la question, si elle l'a été? il est facile d'en démontrer les côtés défectueux.

Tout d'abord, il nous paraît inutile d'étendre la circulation nouvelle à des coupures de 20 francs et au-dessus :

l'unité des billets de circulation de même valeur étant un principe à ne pas violer, la Banque peut et devra suffire aux exigences de cette nature.

Quant aux coupures de 10 et 5 francs, que la Banque n'émet pas et ne pourra émettre que difficilement sans danger, il ne nous paraît pas qu'elles puissent être créées sous forme de billets de caisse de particuliers, de tels ou tels banquiers.

Ces mesures individuelles ont pu trouver et trouveraient leurs raisons d'être dans un moment de révolution ou de crise passagère, comme cela s'est présenté pendant la guerre, alors que la tension des esprits ne permet de s'attacher qu'aux résultats sans se préoccuper des inconvénients.

Mais aujourd'hui c'est à une mesure de longue haleine qu'il faut recourir.

Parmi les inconvénients que nous paraîtrait présenter celle que nous venons de citer, comme proposée à l'adoption du gouvernement, il en est plusieurs qui attirent plus particulièrement notre attention.

Tout d'abord, serait-ce une mesure générale à la France où particulière à Paris ?

Si c'est une mesure générale, ce sont de nouveaux priviléges à créer sur une base commerciale, c'est-à-dire une atteinte aux priviléges de la Banque de France ; priviléges qui, pour être discutables en temps ordinaires, sont à ménager aujourd'hui qu'ils représentent la soupape de sûreté du crédit de l'Etat, la seule garantie contre l'obligation d'avoir recours au papier monnaie.

Comment se déterminerait le choix du syndicat ou des banquiers dans l'étendue de la France ! serait-ce par le gouvernement et sur quelles bases ? il en pourrait résulter un désordre, des difficultés et même un discrédit qui, ajoutés à la nécessité d'un contrôle forcément éparpillé, compliqueraient plutôt qu'ils ne simplifieraient la circulation financière.

Si c'est une mesure particulière à Paris, et nous croyons qu'elle a été présentée sous cette forme, elle est insuffisante par cela même que ce qui peut se faire à Paris n'est pas aussi facile ailleurs, et que le reste de la France aura besoin au même titre de recourir à des mesures analogues ; l'avantage de prendre une mesure générale ou qui puisse le devenir n'est pas à discuter.

Les inconvénients que nous avons signalés tout à l'heure, à propos du caractère individuel de la proposition, s'appliqueraient d'ailleurs aussi à son fonctionnement limité à Paris.

Et cependant, devant la nécessité de créer une nouvelle source de circulation, nous tombons d'accord avec les promoteurs de cette proposition sur l'opportunité de l'appuyer sur la fortune publique et sur les banquiers qui en sont les principaux détenteurs.

Nous pensons que la difficulté n'est pas insurmontable ; des projets de toutes sortes ne tarderont pas à se produire ; la nécessité est là.

L'Italie nous fournit l'exemple d'un expédient adopté dans des circonstances analogues ; nous allons en rappeler les principes généraux où nous avons puisé certains éléments de la proposition qui terminera notre exposé.

En 1866, après la guerre et depuis, l'Italie dut subir et subit encore une crise monétaire du même genre que celle que la France a à traverser.

La Banque d'Italie vint au secours du marché monétaire privé d'or et d'argent, par la création de billets de 10, 5, et même de 2 francs, qu'elle fit imprimer en Amérique, sur des modèles compliqués et soignés.

Disons avant de continuer que la situation était différente en Italie de ce qu'elle est en France : l'agio avait atteint des taux déjà très-élevés; la création de petites coupures n'était plus une mesure préventive, mais de nécessité absolue ; si prépondérante que fût déjà la Banque d'Italie, elle marchait de concert avec deux autres banques : la Banque de Toscane et la Banque de Naples, qui émirent chacune dans sa région des billets analogues. Enfin, le caractère des billets de la Banque nationale comme billets d'État n'était pas dissimulé.

Le crédit de ces petites coupures s'assimila immédiatement aux billets antérieurs de valeur supérieure.

Malgré cette émission et les facilités qu'elle apportait au commerce, la pénurie de monnaie d'argent était telle qu'on ne pouvait trouver à changer la menue monnaie nécessaire aux dépenses inférieures à 2 francs.

Du billet de 20 francs, la crise descendait au billet de 2 francs.

C'est alors que l'initiative privée obtint dans les principales villes d'Italie de créer sous le nom de banques populaires de Florence, de Turin, de Naples, etc., des banques d'échange tout à fait indépendantes les unes des autres, dont l'objet unique était l'émission pour chacune de ces villes de billets d'aspect tout à fait différent de ceux de la banque, de la valeur de une lire (un franc) et même de cinquante centimes.

Le cours de ces billets n'était ni obligatoire ni forcé.

C'était une faculté donnée et acceptée d'un commun accord, et leur crédit s'établit rapidement sur ces bases.

Le rôle des banques était aussi simple que possible, l'administration en était réduite à sa plus simple expression, les billets étaient échangés à une caisse déterminée contre des billets de banque, soit à l'émission, soit à la rentrée; une fois en circulation, les billets d'ailleurs passaient de mains en mains sans revenir à la caisse d'émission.

L'usage en devint de suite commun. On les refusait parfois et alors on se tirait d'affaire comme on pouvait; dans ces situations la gêne est inévitable; mais de cette solution il résultait en tout cas une diminution très-sensible dans la gêne générale.

Si imparfaites que fussent les précautions prises contre la falsification, telles que la fabrication des billets, etc. (et elles étaient vraiment imparfaites dans certaines villes), on n'eut pas à se préoccuper outre mesure d'exemples de contrefaçons; la chance en eût pu être diminuée facilement d'ailleurs par des perfectionnements de fabrication.

VII

Si peu applicable à notre situation présente que soit dans le détail de son organisation l'expédient employé en Italie pour créer de la monnaie divisionnaire en papier, il nous paraît cependant que certains de ses principes sont utiles à retenir.

Ces principes sont la liberté de circulation et les émissions locales municipales.

Nous avons cherché à les reproduire dans la solution que nous présentons, en l'énonçant pour plus de simplicité et de concision sous forme de programme.

Soit :

(A) *Création à titre provisoire d'une banque dite municipale ou populaire de Paris, émettant à Paris et pour Paris des billets de 10, 5 et 2 fr ncs.*

(B) *Circulation de ces billets sans cours forcé ni obligatoire, comme ressource libre* recommandée à la population par la nécessité et par toutes les mesures de nature à justifier la confiance.

(C) *Administration et surveillance* confiées à une *commission, nommée par le Conseil municipal*, composée par parties de membres dudit Conseil et de *notables* du commerce de la Banque et de l'industrie.

(D) *Réglementation et liquidation des émissions sanctionnées par décrets du Gouvernement.*

(E) *Emission et remboursement des billets à bureau ouvert* sur plusieurs points de Paris, *contre des billets de la Banque de France*, par sommes de 100, 500 et 1,000 fr., voire même par fractions de 20 et 25 francs, pour exclure toute chance d'intermédiaires.

(F) *Service, limité à l'exclusion de toute opération commerciale, à la circulation des billets divisionnaires*, dont la valeur serait représentée dans des caisses désignées par la municipalité, soit par billets de la Banque de France, soit par des garanties équivalentes.

(G) *Application des peines prévues par la loi contre la falsification.*

Nous reprenons successivement les divers articles de ce programme.

Par création à titre provisoire nous entendons une durée limitée par la crise monétaire ; durée soumise à l'initiative de la municipalité et à la sanction du Gouvernement. Si nous étendons la mesure aux divisions de 2 francs, en principe, c'est qu'il nous paraît qu'à tant faire que d'entrer dans cette voie il faut se réserver tout au moins la faculté de lui donner la portée utile la plus étendue possible.

La liberté de circulation est non-seulement, suivant nous, une nécessité, mais encore le meilleur appui que puisse trouver cette innovation dans le bon sens du public, bon sens qui ne serait d'ailleurs mis qu'à contribution modeste par l'évidence des ressources que l'accueil des billets procurerait à chacun, et dont pourraient donner l'exemple les administrations publiques, qui consomment et reçoivent le plus de monnaie.

L'administration par les conseillers mun cipaux, élus du peuple, est la meilleure garantie à offrir au public de l'honorabilité de la gestion d'une telle institution.

La sanction par l'État, l'application des peines prévues par la loi contre les contrefaçons, sont toutes conditions qui ne demandent pas de développement ; elles répondent soit à des nécessités de législation, soit aux habitudes de patronage et de protection auxquelles nous sommes habitués, avec ce correctif toutefois que l'indépendance et l'initiative de ces mesures, au point de vue municipal, ne seraient pas étrangères aux aspirations qui se manifestent en France.

Restent à examiner les principes d'ordre financier et

économique, qui sont : l'émission et le remboursement à bureau ouvert, et l'exclusion de toute opération commerciale.

Le premier est une nécessité de la liberté d'emploi de ces monnaies divisionnaires. Il doit être assuré de toutes façons ; mais on peut admettre rationnellement qu'une fois émis les billets municipaux resteraient en circulation au même titre que ceux de la Banque de France, et, partant, n'auraient aucune raison spéciale de retour à la caisse d'émission.

La plus grande partie des billets émis restant en circulation, que deviendrait le capital en billets de banque accumulé par l'émission ? S'il était immobilisé en totalité, la mesure n'aurait que l'avantage intéressant mais restreint de procurer de la monnaie sans bénéfice pour la circulation.

D'autre part, comment et sous quelle forme aliéner ce capital immobilisé par principe, et donner à cette aliénation un caractère de garantie hors de toute suspicion ?

C'est ici, nous le croyons, que se présenterait utilement l'intervention des banquiers et du capital.

L'objet à proposer à ceux-ci serait : une garantie de toute sécurité (telle que celles que prend la Banque, par exemple, pour ses effets), à fournir contre telle ou telle somme en billets de banque, que leur prêterait la Banque municipale, pour être remise en circulation par eux sous telle forme qui leur conviendrait.

Cette garantie comprendrait, pour celui ou ceux qui la souscriraient, la bonification à faire aux Banques municipales d'un certain intérêt, mais avant tout et surtout l'obligation (garantie par le gage) de satisfaire aux nécessités de remboursement à bureau ouvert, pour le cas peu probable d'ailleurs où les demandes de remboursement viendraient à dépasser le fonds de roulement en billets de banque que les caisses d'émission se seraient réservé pour leurs opérations courantes.

La question ainsi posée, quel inconvénient verrait-on à ce que la municipalité provoquât des propositions de garantie, à la finance et aux banquiers, en se réservant le droit de choisir celles des garanties proposées qui lui paraîtraient les plus avantageuses, les plus mobiles et les plus incontestables ?

Le taux de l'intérêt, nécessairement réduit par les conditions de garantie et de remboursement éventuel, ne serait qu'une question secondaire par rapport à la garantie : si bas qu'il puisse être, cet intérêt serait toujours suffisant aux frais de fonctionnement des caisses d'émission et à l'amortissement du capital modique nécessaire à la fabrication des billets. L'excédant, s'il y en avait, servirait à former un capital de réserve dont l'emploi pourrait être ultérieurement déterminé par la municipalité.

L'aliénation du capital de garantie pourrait d'ailleurs être très-restreinte au début, et graduellement augmentée au fur et à mesure de l'établissement du crédit des billets municipaux et des besoins du marché général.

Cette solution, dira-t-on, est une voie bien détournée pour arriver à l'intervention directe des banquiers. Nous admettrions volontiers toute voie plus simple, si elle se présentait à nous avec les mêmes avantages.

Ces avantages nous paraissent : 1° l'exclusion de tout

privilége particulier en dehors de ceux dont la situation présente justifie la concession aux municipalités, c'est-à-dire à l'institution qui représente au premier degré l'intérêt public;

2° L'intervention directe des municipalités dans la gestion d'une affaire aussi délicate que celle de la circulation d'une nouvelle monnaie fiduciaire, et l'exclusion par la concurrence de toute accusation de spéculation ou d'intérêts particuliers ;

3° La qualité de la garantie offerte, sous forme d'hypothèques ou autre, représentée par un choix à faire dans celles qui se présenteront; emploi éventuel des bénéfices à des intérêts municipaux ; et chances de bénéfices très-suffisantes par la modicité de l'intérêt, et l'importance plus morale qu'effective de leurs obligations, pour attirer la concurrence des banquiers ou des sociétés de crédit;

4° L'absence de tout ombrage à porter à la Banque par une création nouvelle et provisoire, d'esprit et d'objet différents de ceux qui constituent ses priviléges, et dont le fonctionnement reposerait sur son propre crédit.

5° L'augmentation possible et facultative de la circulation fiduciaire sans préjudice pour la Banque de France;

Enfin, la possibilité évidente, d'après le programme ci-dessus, d'appliquer une mesure identique aux grandes villes de France ; et consécutivement, si besoin était, aux centres de population d'importance moindre.

L'objectif des avantages recherchés et énumérés ci-dessus est la réussite, et l'adoption assurée, par le public, d'une mesure de ce genre.

Ces résultats obtenus, l'effet ne tarderait pas à s'en faire sentir sur le marché de la monnaie divisionnaire ou d'argent, sur l'agio de l'or lui-même, la détente générale qui en résulterait ne pouvant manquer de donner aux transactions de toute nature une allure plus aisée.

Pour ne s'appliquer qu'aux villes, c'est-à-dire aux populations éclairées, la circulation municipale n'en exercerait pas moins une influence générale, car c'est dans les villes que se font les transactions les plus importantes, les plus fréquentes, et la plus grande consommation de monnaie

Nous ne doutons pas d'ailleurs qu'une fois le résultat obtenu dans ces villes, on ne trouve, si besoin était, dans l'intervention des conseils généraux le moyen d'étendre aux départements, par accord tacite, l'avantage de la circulation municipale.

Dans le même ordre d'idée, la vulgarisation de ces coupures divisionnaires ouvrirait les voies, pour une époque ultérieure moins critiques à une émission par la Banque de France de billets de 10 et de 5 fr. qui viendraient se substituer aux billets municipaux de cette valeur.

VIII

Nous voudrions pouvoir terminer par des conclusions précises l'analyse, que nous avons essayé de faire dans le courant de cette étude, des causes et des effets probables de la crise monétaire que la France doit traverser ; mais la question comporte des éléments si peu saisissables, qu'il est difficile, sinon impossible, d'arriver à une conclusion vraisemblable autrement que par approximation.

La première question à résoudre serait celle-ci :

La quantité d'or disponible en France avant la guerre est-elle suffisante, avec les rentrées de numéraire probables dans les délais prévus par le traité de paix, pour satisfaire aux payements faits et à faire à la Prusse ?

A cette première question nous répondrons négativement.

Le payement à faire à la Prusse, d'après le traité, est de 5 milliards. Mais, même en tenant compte de la partie de cette dette payée en nature, si on y ajoute les contributions partielles de guerre prélevées par les Prussiens, l'intérêt des 3 milliards à payer en 3 années, les escomptes, le change et enfin les achats de toute nature faits par le Gouvernement à l'étranger pendant la guerre, la déduction totale à faire du numéraire d'or qui existait sur le marché français de 1870 sera plus proche de 6 milliards que de 5.

Comment admettre alors que ce même marché français qui, en 1867, dans une période de prospérité, de transactions et de bénéfices, faisait craindre une crise monétaire, puisse satisfaire à un engagement aussi formidable ?

Certainement il existe plus de 6 milliards d'or français pouvant être considéré comme restant en circulation dans le monde ; le chiffre exact est de 7 milliards 638 millions ; mais combien en restait-il en France en 1870 ? Peut-être 4, peut-être 3, et nous admettrions comme plus vraisemblable une moyenne entre ces deux hypothèses.

S'il y a échange de monnaies d'or entre la France, l'Italie, la Belgique, la Suisse, cet échange n'existe pas avec d'autres nations d'Europe, d'Orient et d'Amérique, chez lesquelles l'or français circule sans réciprocité dans une proportion considérable.

Cette circulation est la conséquence de cette mobilisation de la fortune française qui a donné lieu sous le second empire à l'émission de quatre fois plus de monnaie d'or française qu'il n'en existait avant 1850.

La circulation intérieure de l'or a augmenté, c'est vrai; mais la circulation des billets de banque aussi, dans une proportion considérable; et le commerce intérieur donne lieu surtout à une augmentation de billets et d'effets de commerce.

Tout cela ne veut pas dire que la France ne soit pas assez riche pour payer 5 milliards à la Prusse; mais pour les payer en or, il faudrait que la totalité ou la majeure partie de notre prochain emprunt fût placée à l'étranger; ou bien encore qu'une partie des capitaux français immobilisés à l'étranger passât par des ventes successives entre les mains de la Prusse, pour rentrer en France et en ressortir sous forme de numéraire d'or.

Ces deux dernières hypothèses n'ont d'ailleurs rien d'improbable ou d'impossible; le capital réalisé ou à réaliser par la Prusse ne peut ni dormir dans ses caisses, ni se créer une aussi forte proportion d'éléments nouveaux de mobilisation, à moins qu'il ne se place en France, ou que la Prusse n'accepte en payement la rente française qui reste à émettre, ce qu'elle sera obligée de faire dans son propre intérêt et devant l'impossibilité de faire autrement.

Quant à la monnaie d'or nécessaire aux besoins du commerce extérieur et intérieur, ce n'est pas sur la pénurie qu'il faut compter, mais sur la disette; ce n'est d'ailleurs que le résultat de la conclusion précédente.

Ici, toutefois, les conséquences peuvent être moins rigoureuses; las ituation avantageuse de notre échange général peut permettre dans le jeu des effets de commerce de réduire beaucoup les besoins de numéraire; mais on ne pourra les amener à néant. Ce que nous venons de dire des besoins du commerce peut aussi s'appliquer aux affaires financières, mais il faut s'attendre à ce que le grand marché français des entreprises universelles soit obligé de diminuer notablement son élan.

Quant aux besoins intérieurs, nous l'avons établi, la circulation fiduciaire peut, avec l'aide de la monnaie divisionnaire d'argent et de papier, satisfaire à tous les besoins.

La circulation actuelle des billets de la Banque de France peut-elle être augmentée sans préjudice pour son crédit? nous le croyons, mais à la condition qu'on n'use de cette ressource qu'avec prudence et seulement lorsque la nécessité en sera absolue.

Le crédit de la Banque peut supporter de nouvelles émissions, c'est une question que nous n'avons pas traitée; nous la considérons comme liée à la nécessité de création de petites coupures divisionnaires en dehors de la Banque, amenant du même coup un supplément de circulation générale.

C'est surtout sur ce dernier point que le remède est urgent à porter; quel qu'il soit, nous croyons être dans la voie véritable en limitant cette innovation aux initiatives municipales.

On pourra aboutir à des solutions plus ou moins compliquées, mais elles le seront toujours; c'est une conséquence obligée de la situation et de l'organisation spéciale de notre système financier reposant tout entier sur une institution privilégiée unique.

La seule ressource *simple*, mais radicale, dans la situation que nous subissons, c'est le papier d'État!

Les inconvénients du papier-monnaie (qui ne s'éloigne d'ailleurs pas sensiblement, comme garantie, du papier que nous acceptons aujourd'hui) ne seraient peut-être pas aussi formidables qu'on se les peut imaginer, si le crédit en France n'était d'une constitution aussi nerveuse et si le souvenir des assignats était moins présent à notre mémoire. Si nous y échappons, c'est à l'intervention de la Banque que nous le devrons.

On voit par nos conclusions à quels résultats sérieux et différents de l'opinion qui flotte actuellement nous a conduits l'étude de la question monétaire; mais comment admettre qu'il en puisse être autrement devant l'énormité des engagements souscrits par la France?

La réussite inouïe du dernier emprunt a contribué à alimenter bien des illusions qui se traduisent aujourd'hui par une confiance générale, justifiée au point de vue de l'avenir de la France, mais un peu précipitée dans les témoignages qu'en donne le Capital, qui oublie trop que la Prusse a escompté cette confiance le jour de la signature du traité de paix.

La dernière page de l'histoire du second empire français n'est pas un mauvais rêve comme tend un peu trop à l'envisager en France l'esprit de spéculation; c'est une réalité triste et sérieuse à tous les égards, dont l'influence, au point de vue financier et monétaire, ne peut s'effacer que par des années de gêne, de travail et d'économie.

TABLEAU

DES MONNAIES D'OR FABRIQUÉES

(Valeur

DÉSIGNATION DES TYPES	PIÈCES de 100 francs	PIÈCES de 50 francs	PIÈCES de 40 francs
Bonaparte et Napoléon Ier	»	»	132,680,880
Louis XVIII	»	»	21,579,440
Charles X	»	»	19,152,960
Louis-Philippe......... ..	»	»	31,010,080
République (*ange*)	»	»	»
République (*déesse*)..... ..	»	»	»
Louis Bonaparte, Napoléon III...	43,300,400	46,568,700	»
TOTAL des fabrications	43,300,400	46,468,700	204,423,360
A déduire les pièces de 10 et de 5 francs petit module, retirées de la circulation.	»	»	»
RESTE en monnaies ayant cours............... ..	43,300,400	46,568,700	204,423,360

GÉNÉRAL

EN FRANCE DE 1795 A 1870
en francs.)

PIÈCES de 20 francs	PIÈCES de 10 francs	PIÈCES de 5 francs	TOTAUX
395 334,560	»	»	528,024,440
367,753,620	»	»	389,333,060
33,765,960	»	»	52,918,920
184,902,720	»	»	215,912,800
56,921,220	»	»	56,921,220
334,407,060	35,954,580	»	370,361,640
4,795,570,540	977,687,030	233 440,130	6,096,566,800
6,168,655,680	1,013,641,610	233,440,130	7,710,038,880
»	48,589,920	22,492,940	71,082,860
6,168,655,680	9,65,051,690	210,947,190	7 638,956,020

TABLEAU

DES MONNAIES D'ARGENT FABRIQUÉES

Valeur

DÉSIGNATION DES TYPES	PIÈCES de 5 francs	PIÈCES de 2 francs	PIÈCES de 1 franc
1re République (*Hercule*)..	106,237,255	»	»
Bonaparte. Napoléon Ier	817,952,380	24,554,454	31,362,123
Louis XVIII............	601,048,050	7,374,764	4,393,242
Charles X	616,468,675	8,089,604	5,282,890
Louis-Philippe.........	1,692,802,395	24,901,472	19,533,706
République (*Hercule*). ...	259,628,845	»	»
République (*Déesse*)......	188,621,505	4,230,904	3,249,740
Louis Bonaparte, Napoléon III.............	358,506,615	44,254,430	106 736,816
Total des fabrications	4,641,265,720	116,405,628	170,558,547
A *déduire les pièces de 25 centimes démonétisées et celles de 5 fr., 2 fr., 1 fr., 50 c. et 20 c. refondues*..	13,983,725	42,503,350	42 280,195
Reste	4,627,281,995	73,902,278	128,278 322

GÉNÉRAL

EN FRANCE DE 1795 A 1870
en Francs)

PIÈCES de 50 centimes		PIÈCES de 25 centimes		PIÈCES de 20 centimes		TOTAUX	
»		»		»		106,237,255	»
13,713,364	50	247,734	»	»		887,830,055	50
1,852,464	»	161,589	75	»		614,830,109	75
2,073,468	50	596,683	»	»		632,511,320	50
13,053,665	50	6,665,094	50	»		1,756,938,333	»
»		»		»		259,628,845	»
1,544,474	»	»		1,972,813	60	199,619,436	60
52,984,467	»	»		6,279,887	»	571,762,215	»
85,203,903	50	7,671,101	25	8,252,700	60	5,029,357,570	35
24,445,322	50	7,671,101	25	2,098,559	»	132,982,252	75
60,758,581	»	»		6,154,141	60	4,896,375,317	60

(2257)   PARIS. — TYPOGRAPHIE A. POUGIN, 13, QUAI VOLTAIRE.